LES

PENSIONNATS

DE JEUNES FILLES.

1

MARIE SINCÈRE.

LES PENSIONNATS DE JEUNES FILLES.

PARIS
GARNIER FRÈRES, ÉDITEURS,
Palais Royal, 213 bis.

MDCCCLIII.
1854

MARIE SINCÈRE.

LES

PENSIONNATS

DE

JEUNES FILLES.

PARIS
GARNIER FRÈRES, ÉDITEURS,
Palais Royal, 213 bis.

MDCCCLIII.
1854

PRÉFACE.

Dans ce petit volume, j'initie le lecteur à l'organisation des pensionnats et surtout à l'existence des femmes qui s'occupent de l'instruction des jeunes filles. Je puis le faire avec impartialité. N'appartenant point à l'enseignement, je n'ai eu à combattre dans mon esprit aucune opinion faite d'avance, aucun préjugé créé par l'habitude ; je n'ai eu à subir aucune influence.

Le sujet dont je m'occupe ici n'a été

traité jusqu'à ce jour que dans deux sortes d'ouvrages. Les uns, — sorte de *manuels*, — embrassent d'une façon sérieuse les connaissances exigées pour obtenir le droit d'enseigner. Les autres, — sorte de *physiologies*, — n'abordent guère que le profil comique des choses. Ce petit livre se trouve en dehors de ce double domaine ; or, est-il sérieux dans le sens strict du mot ? Non. Il m'a semblé préférable d'abandonner quelquefois le style qu'on appelle grave, pour évoquer ce que la vie de pensionnat offre de piquant et d'étrange, et pour faire apparaître avec leurs ridicules et dans toute leur vérité les personnages qui y jouent un rôle.

Cette publication est-elle donc frivole ? Pas davantage ; car en plus d'un endroit j'ai effleuré certaines questions importantes sur l'éducation des femmes, sur certains abus à détruire, sur certains progrès à opérer.

Je me suis efforcée, sur un sujet superficiellement connu, de ne dire que des choses vraies ; j'ai signalé les fautes et les injustices dont je me suis aperçue ; j'ai parfois dévoilé les ridicules, mais mon rôle n'a point été celui d'un critique malveillant qui blâme *quand même*, il a été tout d'observation, tout d'impartialité. En un mot, j'ai décrit ce que j'ai vu, et j'ai tâché de jeter quelque gaîté dans mon récit, pour ne pas trop ennuyer le lecteur.

LES

PENSIONNATS

DE JEUNES FILLES.

I.

LES PENSIONNATS DE JEUNES FILLES,

Avant de faire paraître aux yeux du lecteur les principaux personnages dont se compose un pensionnat, je veux dire quelques mots sur les pensions en général.

Il ne sera pas question ici de couvents, mais seulement de maisons tenues par des laïques.

Pour obtenir l'autorisation de fonder un pensionnat, il faut avoir reçu soit un diplôme de seconde classe à l'Hôtel-de-Ville, soit un diplôme à la Sorbonne.

On sait qu'à l'Hôtel-de-Ville on donne des diplômes de trois classes qui concèdent différents droits, tandis qu'à la Sorbonne il n'y en a que deux qui représentent à peu près le même degré d'instruction que les trois de l'Hôtel-de-Ville.

Il s'agit d'ailleurs en ce moment, dit-on, de réunir ces deux institutions en une seule, ce qui aurait l'avantage d'éviter une foule de rivalités qui existent entre les maîtresses reçues à la Sorbonne et celles qui sont reçues à l'Hotel-de-Ville, rivalités qui nuisent à la dignité de l'enseignement.

Les pensionnats sont de deux degrés : les premiers, tenus par des maîtresses ayant reçu tous les diplômes qui se délivrent à l'Hôtel-de-Ville ou à la Sorbonne, prennent le nom d'Institution; les seconds, tenus par des maîtresses n'ayant reçu qu'un diplôme de seconde classe, prennent le nom de Pension.

L'instruction que l'on donne aux élèves est la même dans ces deux sortes de pensionnats. A certaines époques de l'année, ils sont visités par des dames inspectrices appartenant à l'Université; elles sont chargées d'inspecter, noneulement ce qui concerne l'instruction, mais ussi ce qui tient à l'hygiène, au logement, etc.

Les pensionnats de Paris sont souvent situés lans un quartier aéré et éloigné du centre de a population. Ils ont presque toujours un ardin et une ou plusieurs cours servant aux écréations. Le jardin d'entrée est généralenent tenu avec soin et coquetterie; aussi les parents qui y viennent pour la première fois se félicitent-ils du plaisir que doivent éprouver eurs enfants en s'y promenant; ils ne savent pas encore que ce jardin est interdit aux élèves, qui ne le traversent guère que lorsqu'elles sortent ou rentrent avec leurs parents.

Un concierge, dont la loge est placée à la porte constamment fermée, prévient toute possibilité de sortie pour les élèves. Dans quelques institutions, il y a encore une dame de parloir qui se tient dans une salle, près de la porte d'entrée de la maison.

Les classes sont, la plupart du temps, d'une très grande simplicité. Sous ce rapport, on pourrait même désirer quelques modifications.

Des cellules en assez grand nombre sont disposées pour les élèves qui étudient le piano. Elles sont ordinairement placées le long d'un corridor, d'où la surveillante peut voir, par de petits guichets pratiqués dans les portes, c qui se passe dans chaque cellule.

Les leçons de dessin se donnent ordinairement dans une grande salle disposée à cet effet. Enfin il y a encore des salles d'étude e des salles de récréation, des chambres pou les maîtresses, une infirmerie, etc., suivan l'importance de la maison.

Les dortoirs sont presque toujours bien tenus, et la pièce où sont placés les lavabos est généralement bien disposée.

J'en dirai autant du réfectoire; mais c'est surtout dans les salons de réception qu'on déploie le plus de recherche, je pourrais même dire de luxe parfois exagéré.

La maîtresse est en général secondée et même remplacée pour tout ce qui tient aux soins du ménage par une dame économe, qui s'occupe des domestiques et des provisions, indique le menu des repas, en un mot remplit les fonctions de maîtresse de maison. En outre, une dame lingère, ayant des ouvrières sous ses ordres, veille à l'entretien du linge de la maison et de celui des élèves. Dans les pensionnats, ainsi que dans tous les établissements publics, tels que couvents et hôpitaux, la lingerie est l'objet d'une sorte de coquetterie.

Dans chaque pension, il y a une infirmerie lus ou moins bien organisée, et par conséquent une infirmière et quelquefois des aides.

Passons au personnel des études. — Quelquefois à Paris la maîtresse s'adjoint une insectrice qui a la haute surveillance des sousnaîtresses, des professeurs, etc., et qui décide, vec elle, si telle ou telle élève est capable de asser dans une classe plus élevée. Le nombre es classes et le choix des matières d'enseinement pour chacune d'elles sont arbitrairenent déterminés par la maîtresse du penionnat. Ces classes sont tenues, dans des pièces éparées, par des sous-maîtresses. Des professeurs donnent des leçons dans les classes suérieures. Je ne dirai rien ici des études, qui ont bonnes en général.

A la fin de l'année scolaire, il y a une distriution de prix et, dans quelques pensionnats, n examen public. Les vacances, qui ordinaiement commencent du 15 août au 1er sepembre, durent au plus six semaines ou deux nois. Les parents sont admis à voir leurs enants une fois par semaine, le dimanche ou le eudi, et les sorties ont lieu une fois tous les uinze jours.

Quant au mode de vie habituelle, on se lève

vers six heures ou six heures et demie, suivan la saison. La cloche sonne le réveil, puis, quelques instants après, donne le signal de descendr au réfectoire, où le premier déjeuner attend le élèves. On entre ensuite dans les classes, l cloche donnant toujours le signal de tous ce mouvements.

Il y a deux récréations par jour, dans le cours lorsqu'il fait beau, dans une salle couverte lorsqu'il fait mauvais temps. La surveillance y est toujours exercée par une ou deux sous-maîtresses.

La nourriture est en général assez satisfaisante : le premier déjeuner, — qui a lieu vers huit ou neuf heures du matin, — se compose de pain avec bouillon, lait, café ou chocolat, au choix de l'enfant. Le second se compose d'un ou deux plats et de ce nectar, mélange d'eau et de vin, connu dans les pensions de filles et dans les colléges sous le nom pittoresque d'*abondance*.

Vers trois heures, — ceci ne se pratique pas partout, — on donne un petit pain à chaque élève. On dîne enfin à six ou sept heures : on a un potage, deux plats, quelquefois une salade et un dessert. A huit heures, huit heures et demie au plus tard, la cloche sonne le coucher.

Les élèves entendent la messe et les vêpres le dimanche, soit dans une chapelle attenant à l'établissement, soit à une église où elles sont conduites par les maîtresses.

Telle est la physionomie de la pension, considérée dans son ensemble.

II.

LA MAITRESSE DE PENSION.

Il y a plusieurs catégories de maîtresses de
ension qui, d'ailleurs, se distinguent au pre-
ier coup d'œil : les unes se consacrent spé-
alement à l'éducation des enfants de familles

riches ou aisées; les autres admettent dans leu maison toutes les élèves qui se présentent ave de suffisantes garanties de moralité. Quelques unes s'occupent, avant tout, de l'éducation re ligieuse de leurs élèves; d'autres, enfin, à idée plus libérales, prennent des enfants de tous le cultes et les font instruire dans la religion à laquelle elles appartiennent, sans chercher en rien à les influencer.

Les maîtresses de pension sont généralemen des femmes de mérite. Les unes ont le maintien froid et un peu rigide et donnent à leur allure quelque chose de clérical. La mère pieuse se sent attirée dès l'abord et se trouve ensuite retenue par la conversation sagement éclairée de celle à qui elle doit confier sa fille. Les autres, femmes d'une valeur réelle en même tempsque femmesdu monde, se font remarquer par le charme d'une conversation agréable et d'un esprit distingué.

Le personnel des maîtresses de pension n'était point, il y a vingt ans, composé avec autant de perfection qu'aujourd'hui. La raison en est facile à deviner. Autrefois, on exigeait moins d'instruction qu'on ne le fait maintenant. L'éducation des femmes était, au temps de nos aïeules, circonscrite dans d'étroites limites, et pourvu qu'elles sussent lire, écrire, calculer, s'occuper des travaux de couture et de ménage, on n'en demandait guère plus.

Aujourd'hui, en jetant les yeux sur le programme des examens que doivent subir les maîtresses, on peut s'assurer de la diversité des connaissances qu'on exige d'elles.

Comme nous l'avons dit dans le chapitre précédent, les maîtresses de pensionnat sont de deux classes : maîtresses d'institution, maîtresses de pension, suivant le nombre de diplômes qu'elles ont obtenus; mais que la porte de l'établissement soit surmontée du mot *Institution* ou du mot plus modeste de *Pension*, les attributions restent les mêmes.

Quelques maîtresses ont été sous-maîtresses, c'est la très faible minorité; car, pour fonder un pensionnat, il faut avoir de l'argent, et, comme nous le verrons, les sous-maîtresses n'en peuvent amasser. D'autres ont eu pour mère une maîtresse de pension, à laquelle elles ont succédé.

La plupart du temps elles sont mariées; généralement le mari a le bon esprit de ne se mêler en rien des élèves.

Une souveraine n'a point de pouvoirs plus illimités que ceux d'une maîtresse de pension. Elle commande, on n'a plus qu'à obéir; elle blâme, on se soumet; elle loue, on admire. Plus heureuse que les puissances du monde, rien ne peut ébranler son trône; elle n'a, dans son empire, aucun orage politique à redouter, et elle peut à son gré être la reine aimée ou redoutée de ses sujets.

Les pensionnats ne sont pas tous soumis aux mêmes règlements; ce qui regarde l'organisation intérieure est à la volonté de la maîtresse, et, pourvu qu'elle ne contrevienne pas à certaines règles, que les logements soient convenablement aérés et l'instruction bonne, les inspectrices n'ont rien à exiger d'elle. Aussi, peu de maîtresses ont-elles les mêmes habitudes d'existence.

Elles se font appeler par leurs élèves, tantôt *madame*, tantôt *petite mère*. Cette dernière coutume qui semble, au premier abord, avoir quelque chose de touchant, a un inconvénient grave : elle dispose les jeunes filles à l'afféterie à laquelle elles sont naturellement portées et que trop souvent elles confondent avec le sentiment vrai. Or, dans l'éducation, comme il faut surtout travailler à rendre l'esprit juste, on doit ne s'écarter du vrai que le moins possible, et une fiction, quelque agréable qu'elle puisse être, n'est jamais qu'une fiction.

La maîtresse se fait souvent servir, dans une salle séparée, avec quelques maîtresses, telles que l'inspectrice des études, l'économe, les maîtresses de musique, etc. Les sous-maîtresses dînent toujours avec les élèves.

Elle admet aussi à sa table, à titre de récompense, les élèves qui ont travaillé le plus assidûment pendant la semaine. Elle assiste néanmoins au repas des élèves, circulant dans le réfectoire, afin de s'assurer que tout se passe avec ordre.

Quelques maîtresses de pension dînent avec les élèves et, dans ce cas, sont censées être nourries de la même manière ; ce qui, on le conçoit, ne peut être rigoureusement vrai.

Habituellement la maîtresse passe ses soirées dans son salon avec quelques-unes des maîtresses, qui travaillent près d'elle autour d'une table ronde. Les sous-maîtresses, tenues de se coucher en même temps que les élèves, y sont rarement admises. Certaines maîtresses de pension, — c'est le moindre nombre, —

se retirent tout-à-fait dans leur intérieur aprè le dîner et passent la soirée en famille ave leur mari et leurs enfants.

La maîtresse visite les classes qui sont, au reste, chacune sous la dépendance immédiate d'une sous-maîtresse; mais la majeure partie de son temps est employé à recevoir dans son salon. Elle est rarement seule, en effet; ce sont ou des personnes qui viennent lui demander des renseignements sur la pension, avec l'intention d'y placer des élèves, ou d'autres qui s'informent de leurs enfants.

Nous avons parlé du luxe souvent exagéré des salons d'un pensionnat; nous pourrions en dire autant de la mise de la maîtresse.

La pensée grave, l'esprit occupé ont peu de loisir pour songer aux futilités de la mode; et, autant nous blâmerions une mise sordide et négligée, autant nous trouvons mauvais que la femme sérieuse à laquelle nous confions nos filles soit vêtue comme la femme légère et frivole, dont la toilette est la principale occupation. De même qu'on juge du caractère d'une personne par les objets qui l'entourent et qui nous révèlent ses habitudes d'intérieur, de même la vie doit se deviner par les vêtements.

Ces dentelles, ces soieries, ces riches tissus sont déplacés là où l'on doit prêcher aux enfants la simplicité et la modestie, là où le premier soin doit être de proscrire la vanité.

J'ai connu plusieurs maitresses de pension qui avaient adopté un costume toujours noir, mais d'un goût parfait, sans dentelles, ni ornements et d'une simplicité sévère; je voudrais les voir toutes ainsi vêtues.

La toilette trop recherchée de la maîtresse a encore pour inconvénient de mettre, comme extérieur, trop de distance entre elle et la sous-maîtresse qui, avec ses faibles ressources, ne peut avoir qu'une tenue des plus simples.

La plupart d'entre elles conservent des relations avec leurs anciennes élèves; et c'est pour leur cœur une douce émotion, comme pour leur esprit une vive satisfaction, de recevoir des témoignages d'estime et d'amitié de la part des jeunes femmes qu'elles ont pour ainsi dire élevées. Quelquefois même elles acceptent des invitations et vont dans le monde, rarement néanmoins; de fréquentes sorties pourraient nuire aux intérêts de l'institution.

Au reste, la vie du dehors n'est point celle qui convient à la maîtresse de pension: son monde, à elle, ce sont ces jeunes filles qui l'entourent, ce sont ces enfants qui attendent d'elle un signe approbateur. Aussi quelle joie lorsqu'elle leur donne un bal ! Il n'y a pas de cavaliers, il est vrai ; mais on n'y danse pas moins gaîment.

Assise sur son can é, elle reçoit les salutations de ses élèves et les initie aux usages du monde. Hélas ! le monde est-il toujours chose si gaie qu'on doive le rappeler sans cesse. Il le faut pourtant ; une éducation serait incomplète, si une jeune fille n'apprenait un peu comment se font les honneurs d'un salon. Que la maîtresse est fière, lorsque les parents, souvent admis à ces réunions intimes, remarquent des progrès dans le maintien de leurs enfants ! Il est rare qu'elle ne donne pas un de ces bals le jour de sa fête ; les élèves lui récitent de petits compliments, qu'elles ont appris pour cette occasion, et lui font généralement un cadeau de valeur, pour l'achat duquel elles se sont toutes cotisées. Quelquefois aussi les enfants représentent de petites comédies.

Dans le temps qui précède la distribution, la maîtresse est fort occupée : elle choisit les livres qu'elle doit donner pour prix ; les professeurs se réunissent près d'elle pour juger les élèves qui méritent des récompenses Malgré toute l'impartialité qu'elle peut y mettre, elle n'évite pas toujours le mécontentement des mères, qui ne peuvent se persuader que leurs enfants ne sont point de petits prodiges.

Enfin le grand jour arrive, jour de triomphe pour elle! Mais je m'arrête..... et, pour la distribution des prix, je renvoie le lecteur à l'avant-dernier chapitre de ce petit livre.

III.

LA SOUS-MAITRESSE.

Pour obtenir le droit d'exercer les fonctions de maîtresse d'étude ou de sous-maîtresse, il faut avoir subi un examen et reçu un brevet d'aptitude ou un diplôme, soit à l'Hôtel-de-Ville, soit à la Sorbonne.

Avec ce diplôme, la jeune fille peut se pr
senter à une maîtresse de pension qui l'agr
ou la rejette, mais qui, l'ayant une fois ad
mise, la tient complétement sous sa dépen
dance. Cette dépendance est si absolue qu'
moins d'arrangements particuliers, rien n'em
pêche la maîtresse de lui signifier son renv
à la fin de l'année, sans avoir pour cela besoi
de lui en déduire les motifs.

Sous ce point de vue, comme sous beau
coup d'autres, l'état de la sous-maîtresse es
voisin de la domesticité; pour elle aucune sta
bilité dans le présent, aucune garantie pou
l'avenir. Elle n'est d'ailleurs reçue la premièr
année et quelquefois la seconde année qu'au
pair, c'est-à-dire qu'elle obtient pour tout paie-
ment le logement, la nourriture et le blan
chissage.

Cette jeune fille, travaillant depuis son enfance dans l'espoir de ce bienheureux diplôme
qui lui confère le droit d'enseigner, est donc
moins bien traitée que la paysanne qui vient
à la ville se placer comme servante. Sous le
rapport pécunaire sa situation est pire, à
deux égards, car elle ne gagne rien et elle est
tenue à une mise qu'on n'exige pas de l'autre.

J'insiste sur ce fait et je mets ces deux femmes en parallèle, afin de montrer ce qui, dans un siècle éclairé comme le nôtre, ne se rencontre que trop souvent : le travail de l'intelligence moins rétribué que le travail matériel.

Après une ou deux années de services pour ainsi dire gratuits, la sous-maîtresse peut obtenir des appointements de deux, trois, quatre cents francs au plus ; ce n'est qu'une exception lorsqu'elle gagne davantage, ainsi que dans certains pensionnats de Paris, où la sous-maîtresse de la première classe a de cinq à six cents francs par an.

Quant aux égards dont elle devrait être l'objet, trop souvent la maîtresse de pension la traite en inférieure, en machine intelligente dont elle doit tirer le plus de parti possible, et les parents, rarement en contact avec elle, ne trouvent guère moyen de lui témoigner leur approbation. D'ailleurs la moquerie qui touche à tout, même aux choses les plus sérieuses, n'a pas toujours su respecter l'existence de ces jeunes filles d'un mérite souvent réel, d'une instruction solide, acquise par de consciencieux travaux et qui, se vouant à l'enseignement se condamnent, par cela même à une vie presque claustrale.

Elles devraient être entourées de plus de déférences, car c'est véritablement d'elles que dépendent, non-seulement l'instruction, mais aussi l'éducation de nos filles ; — on sait quel sens différent s'attache à ces deux mots-là.

Au temps où le cœur bat le plus vite, où tout apparaît entouré du prisme enchanteur des plus riantes illusions, où l'on a le plus besoin d'air et de liberté, ces jeunes filles doivent, refoulant en elles-mêmes les ardentes quoique pures aspirations de la jeunesse, doivent, dis-je, donner à leur maintien une sévérité qui n'est pas de leur âge, à leurs discours une modération et une mesure dont bien des femmes de trente ans ne seraient pas capables. Elles doivent, jeunes, accomplir ce qui ne s'apprend guère que dans l'âge mûr : cuirasser leur cœur contre toute émotion, en comprimer les moindres battements, n'obéir en un mot qu'à l'austère loi du devoir.

Enchaînée tout le jour à ce pupitre du haut duquel elle administre le blâme et l'éloge, la sous-maîtresse passe sa vie en présence d'un petit public d'enfants qui épient tous ses gestes et les moindres mouvements de sa physionomie ; elle ne s'appartient pas, il ne lui est point même permis d'avoir une douleur qu'elle puisse cacher. — Au milieu des plus grands et plus légitimes chagrins, il faut toujours qu'elle reste maîtresse d'elle. Son cœur torturé souffre à se briser; n'importe! il faut qu'elle prête une oreille attentive à la psalmodie monotone de cette enfant qui récite sa leçon, il faut que ses yeux obscurcis par les larmes ne laissent échapper aucune faute dans ce cahier qu'elle corrige. Ses journées se passent au sein de travaux incessants qui ne lui laissent pas le loisir de se replier sur elle-même et de puiser dans la réflexion le calme dont elle peut avoir besoin. Ses heures de repos ne lui appartiennent même point; elle couche généralement au dortoir, entourée d'enfants turbulentes qu'elle doit gourmander, même pendant la nuit, aux dépens de son sommeil.

Telle est l'existence de la sous-maîtresse, vie tristement uniforme comme celle du cloître, ayant de moins que celle-ci l'ardeur et la foi religieuse qui soutiennent les âmes aimantes et enthousiastes.

Ses plaisirs, — pauvre jeune fille ! — se bornent à quelques moqueries échangées avec ses compagnes, sur les manières et les habitudes de la maîtresse, pour laquelle elle n'éprouve que crainte ou sentiment d'ironie, au lieu d'attachement et de respect ; or — de cela — à qui la faute ? ou plutôt à quelle cause en faire remonter la responsabilité ? Au système vicieux de l'éducation qui partout substitue la crainte à l'amour.

Ce n'est point par la crainte qu'on agrandit l'intelligence, qu'on cultive l'esprit, qu'on ramène et conduit les âmes : c'est par l'amour ; ne dites pas plus à l'enfant qu'à l'homme : « Faites cela ou vous serez puni, » dites-lui : « Faites cela et l'on vous aimera. » Ce simple mot d'amour a toujours du retentissement dans les cœurs, et, en s'adressant aux bonnes et douces émotions, on est presque toujours certain de réussir à faire le bien.

Séparée de sa famille qu'elle n'aperçoit qu'à de rares intervalles, isolée de toute affection, la sous-maîtresse n'a même pas, pour compensation à toutes ses douleurs, la jouissance de l'amour-propre satisfait. Ses élèves réussissent-elles : c'est au professeur qui donne à peine quelques heures de leçon par semaine qu'on en attribue tout le mérite ; sont-elles ignorantes, grossières, mal élevées : c'est elle au contraire qui seule en est cause.

L'approche de la distribution des prix vient encore lui apporter un surcroît de travail. Obligée d'examiner les élèves, de répéter mainte fois la leçon à celles qui doivent briller, de faire une foule de petits objets qui seront attribués à telle ou telle élève, — charlatanisme assez en usage dans les pensionnats, — son rôle continue à être tout d'abnégation.

Puis viennent les vacances, temps de liberté pour chacun, pour les professeurs comme pour les élèves, mais dont la sous-maîtresse est en partie privée. Quelques enfants qui, pour n'importe quel motif, n'ont pas de vacances et restent à la pension, rendent la présence nécessaire d'une ou de deux sous-maîtresses. Les sous-maîtresses sont donc forcées de se partager le temps pour que chacune d'elles reste à son tour ; j'ai connu des pensionnats où elles n'avaient que trois semaines et même quinze jours de vacances.

Quelle est, après cette vie laborieuse, la fin de la sous-maîtresse ?

Si elle a quelque fortune, c'est-à-dire s elle ne s'est faite maîtresse d'étude que pou devenir maîtresse de pension, — si quelqu héritage inattendu lui survient, — si, en u mot, elle se trouve, par quelque circonstanc que ce soit, dans une situation imprévue, ell achète une pension ou un externat et s'établi pour son propre compte.

Quelquefois aussi elle se marie pour ren trer dans la vie privée ; c'est là le rêve presqu irréalisable de la sous-maîtresse, lasse de so existence monotone et fatigante. D'autres fois elle cesse d'être sous-maîtresse pour se place dans une famille comme institutrice, mais c'es encore là une exception et c'est de la généra- lité dont je veux surtout m'occuper.

La plupart du temps, la sous-maîtresse après avoir exercé dans un plus ou moin grand nombre de pensionnats, atteint trente à trente-cinq ans, sans que sa vie se soit amé- liorée. A cet âge, son cœur sans cesse com- primé a fini par s'atrophier au milieu de l'in- différence dont elle a toujours été environnée car elle n'a guère rencontré d'affection sur sa route, et ses compagnes ont rarement été ses amies. Son esprit, fatigué de tourner incessamment dans les mêmes redites, est devenu moins lucide, et son caractère s'est aigri dans les contrariétés et dans les espérances déçues. Elle devient alors moins sympathique pour ses élèves et même pour la maîtresse de pension, vis-à-vis de laquelle elle manque parfois de docilité.

Souvent à la fin de l'année, elle reçoit son congé et, lorsqu'elle se présente dans de nouvelles maisons, elle est accueillie peu favorablement par les maîtresses de pension, qui lui préfèrent les plus jeunes sous-maîtresses, dont le joli visage, encore rayonnant d'espérance, et la tournure élégante sont d'un meilleur effet pour les parents qui peuvent les apercevoir à l'église, à la promenade, et surtout à la distribution des prix.

Lasse enfin de voir si peu appréciées son expérience et son habitude de l'instruction, d'être sans cesse exposée aux chuchottements de ses élèves, qui ne la considèrent que comme une vieille fille acariâtre, et aux quolibets de ses compagnes qui redoutent sa clairvoyance, la sous-maîtresse se retire enfin. Si elle en a le moyen, elle s'établit chez elle, où la solitude lui devient bientôt odieuse ; sinon elle habite avec quelques parents qui la reçoivent pa égards, mais qui souvent lui rendent la vi peu agréable.

Pécuniairement parlant elle est dans la gêne ce n'est point en effet avec trois ou quatr cents francs qu'elle a gagnés par an qu'elle pu faire beaucoup d'économies et, pour subvenir à ses dépenses, autant que pour employe le temps qui lui est à charge, elle donne de leçons, soit à de jeunes filles qui se préparen à passer leurs examens, soit à des élèves ordinaires.

Nous ne parlerons pas de sa vieillesse; ell est alors aussi peu heureuse qu'elle l'a été l reste de sa vie.

Est-ce bien là ce que devrait être l'existence de femmes qui se vouent honorablement à l'éducation de la jeunesse? Nous ne l pensons pas et nous sommes convaincue qu ceux qui voudront réfléchir un instant sur la position qui est faite à la sous-maîtresse seron de notre avis.

Mesurons l'immense différence qui existe entre l'avenir de la maîtresse de pension e celui de la maîtresse d'étude. Cette différence, nous voudrions la voir s'amoindrir, non en diminuant l'importance de la maîtresse de pension, mais en augmentant celle de la maîtresse d'étude.

En effet, la fortune, la considération, les honneurs reviennent à la maîtresse du pensionnat, qui ne dirige que l'ensemble et à laquelle le temps manque pour s'occuper individuellement des enfants, tandis que la sous-maîtresse, — celle qui seule peut guider l'éducation de chaque jour, de chaque minute, celle dont les exemples influent d'une manière si directe sur la conduite des élèves, — n'est pourtant entre les mains de la maîtresse de pension qu'une inférieure dont le sort dépend d'un caprice, qu'un instrument qu'elle peut briser à volonté.

Qu'y a-t-il à faire? Cette question-là est d'une trop haute gravité pour que nous puissions l'examiner ici; mais, quels que soient les moyens qu'on doive employer, nous disons qu'il y a là une injustice à réparer, un grand progrès à accomplir.

IV.

LES PROFESSEURS.

Les professeurs qui donnent des leçons dans les pensions peuvent être divisés en deux catégories : les professeurs proprement dits et les maîtres d'arts d'agrément.

Les premiers enseignent l'écriture, l'orthographe, le français, la littérature, l'arithmétique, la physique, l'histoire naturelle, la botanique, la géographie, l'histoire, etc.

Les seconds enseignent la musique, le chant, le dessin, la danse, la gymnastique, etc. Il y a encore les professeurs de langues, principalement d'italien ou d'anglais.

La plupart de ces maîtres ne donnent qu'une leçon, deux leçons au plus par semaine, en présence d'une sous-maîtresse qui leur sert de répétiteur. Ils laissent aux élèves un devoir qu'elles doivent faire en leur absence.

Ces professeurs offrent des types particuliers que nous allons décrire.

Nous placerons en première ligne le professeur de littérature, qui souvent est en même temps professeur de langue française. C'est principalement sur lui que repose la réputation de la maison, c'est lui qui est chargé du discours de la distribution des prix, lorsque la maîtresse ne le fait par elle-même. Aussi son extérieur respire-t-il l'importance. Les élèves se rangent respectueusement à son approche et saluent plus bas que pour les autres professeurs. Son pas est grave ; il y a en lui un singulier mélange de pédanterie et de savoir réel. Trop souvent il initie ses élèves à ce style prétentieux, miroitant et vide de pensées que la bourgeoise parvenue, la boutiquière grande dame, s'imaginent être le suprême bon goût, le véritable art d'écrire.

Pauvres enfants! que de singuliers écrits ne vous fait-on pas commettre! que ne s'en tient-on, pour vous, comme pour toutes choses, au vrai! Devrait-on me reprocher de parler un langage vieilli, je suis et serai toujours de l'avis de Boileau :

« Rien n'est beau que le vrai, le vrai seul est aimable. »

Pourquoi ces éternelles compositions sur des sujets fades et incolores qui fatiguent l'esprit à force de niaiserie? La femme, — faible de sa propre nature, — doit être rendue forte par l'éducation; élargissez l'horizon de ses pensées. Gardez-vous d'en rapetisser le cercle : la coquetterie et le monde se chargeront de ce dernier soin sans que vous vous en mêliez.

Pourtant je dois le dire, il est plus d'une honorable exception aux travers que je constate, et, pour ma part, j'en ai connu plusieurs.

Je ne parlerai du professeur d'histoire et de

celui de géographie que pour signaler leur ressemblance avec le professeur de français.

Quant aux professeurs d'écriture et d'arithmétique, ils ont une tâche aride à remplir, car ils ne s'adressent point à l'imagination, et les pensionnaires sont assez femmes pour avoir souvent besoin de ce stimulant-là.

Le professeur d'écriture, généralement homme expert en son art, leur déplaît, parce qu'il leur montre ce qu'on est censé avoir appris étant enfant : il a selon elles le tort impardonnable de leur donner l'*air petite fille.*

Le second leur est aussi peu sympathique, car ce qu'il enseigne touche aux sciences exactes, pour lesquelles l'esprit féminin éprouve une sorte de répulsion.

Le professeur de physique a généralement du succès, parce que, initiant ses élèves à des sciences souvent considérées comme au-dessus de l'intelligence des femmes, leur amour-propre s'en trouve flatté; d'ailleurs, la plupart du temps, il démontre d'une façon si attrayante qu'il ne peut manquer d'intéresser son auditoire.

Je dirai la même chose des leçons d'histoire

naturelle et de botanique, données généralement par le professeur de physique.

Parlons maintenant des maîtres d'arts d'agrément, et commençons par ceux de musique, qui se divisent en deux catégories bien distinctes.

Les professeurs de piano sont des femmes presque toujours. Dans chaque pension, il y en a une ou deux dont le nom ayant une sorte de célébrité figure pompeusement sur l'affiche; il en est de même pour le professeur de chant, etc.

Elles ne donnent, comme les autres professeurs, que deux ou trois leçons par semaine, et leurs leçons, que les parents paient à part, sont d'un prix fort élevé.

Viennent ensuite les jeunes maîtresses de piano qui demeurent dans l'établissement. Ce sont quelquefois d'anciennes élèves de la maison. Leur situation se rapprocherait un peu de celle des sous-maîtresses, si elles n'étaient plus libres et mieux traitées qu'elles. Souvent elles sont au pair; ce sont la plupart du temps de jeunes filles qui se destinent à être artistes et qui, de cette manière, obtiennent des professeurs de musique des leçons qu'elles seraien hors d'état de se procurer autrement.

Le professeur de dessin est le plus souven une femme artiste de quelque réputation : so nom aide à la décoration du programme. A reste, que le professeur de dessin ait ou no du talent, ses élèves ne peuvent guère fair de progrès, car le temps qu'elles consacrent à ce travail est insuffisant : elles ne dessinen ordinairement que deux ou trois heures pa semaine. D'ailleurs le professeur est rarement libre de guider ses élèves à son gré. La maîtresse de pension lui impose des modèles absurdes et, pour flatter l'amour-propre des parents, le force à faire peindre des enfants qui ne savent pas même tenir un crayon.

Ce qu'on exige surtout, c'est qu'à la distribution des prix on puisse exhiber des dessins correctement ombrés au crayon, ce qui prend un temps énorme et qui pourrait être plus utilement employé. La mode du pastel est venue depuis quelques années créer un abus de plus, car le professeur doit presque toujours en faire la moitié. Encore la puérile vanité qui joue son rôle et le vrai sacrifié à l'apparence !

Je ne parlerai pas du maître de danse, il est là ce qu'il est partout ailleurs.

Quant au maître de gymnastique, je demanderai au lecteur la permission de lui raconter comment se donnent les leçons, et il sera convaincu que, bien enseignée comme elle l'est généralement, la gymnastique est un progrès réel dans l'éducation des femmes. Je n'aurai besoin pour cela que d'interroger mes souvenirs.

Le hasard me conduisit un matin dans une pension dont je connaissais une des maîtresses; c'était l'heure de la leçon de gymnastique, elle me proposa d'y assister. Rien de plus piquant que cet essaim de jeunes filles toutes vêtues d'un costume qui, laissant libres tous leurs mouvements, leur donne une grâce infinie. Une blouse grise bordée d'un galon de couleur, un pantalon pareil et un béret, voilà leur uniforme. Vêtues ainsi, la minauderie est impossible; il faut bien qu'elles se laissent aller à être naturelles et elles y gagnent beaucoup. La gaîté est vraie, le rire franc, et cette leçon-là ressemble fort à une récréation.

On connaît les différents appareils de la gymnastique, je dirai seulement qu'au lieu d'être placés dans un local couvert, comme il le sont quelquefois, ils l'étaient dans une vaste cour. Le soleil brillait comme les visages, et le gai sourire de la jeunesse ravivait les cœurs. Le professeur était debout près de ses élèves, qui en ce moment montaient à force de poignet sur une longue échelle; son attitude était parfaitement convenable et l'on comprend qu'il faut du tact pour donner de pareilles leçons à de jeunes filles. Celui-ci avait l'esprit de les traiter à la fois en jeunes garçons de bonne maison pour lesquels on a des égards, et en jeunes filles qu'on doit respecter. Il n'y avait dans sa manière de leur démontrer, ni laisser-aller inconvenant, ni pruderie ridicule; il était sérieux en même temps que ce que je pourrais nommer bon enfant.

Rien de plus chaste et de plus honnête que cette leçon de jeunes filles se livrant à des sauts périlleux, à de hardis trapèzes, à des exercices de toutes sortes. Le naturel offre toujours plus de garanties de moralité que toutes ces allures de convention dont on fait trop souvent usage dans l'éducation.

Passons maintenant aux maîtres de langues, étrangères, les derniers dont nous ayons à nous occuper.

Depuis quelques années un grand progrès s'est accompli dans l'éducation des femmes : 'anglais est considéré, non comme une con-naissance supplémentaire, mais comme une les bases essentielles de l'instruction, et les eçons de cette langue sont généralement com prises dans le prix de la pension. Souvent une ou deux maîtresses d'anglais demeurent dans a maison ; elles n'ont que leurs leçons à donner et sont libres le reste de leur temps. D'au-tres fois ce sont des professeurs externes qui viennent donner des leçons.

Dans l'un et l'autre cas, les leçons conscien-cieusement données ne sont pas assez fréquen-tes pour qu'on puisse obtenir de cet enseigne-nent tous les résultats qu'il promet, entre autres une connaissance plus nette et plus approfondie de la langue maternelle par la comparaison avec une langue étrangère. Aussi, ce que j'ai dit de l'anglais, le répéterai-je des autres langues, dont les professeurs n'habitent presque jamais le pensionnat.

V.

LES PARENTS D'ÉLÈVES.

Dans la plupart des pensionnats, les parents sont admis à visiter leurs enfants, le jeudi et le limanche, à des heures désignées.

Ces jours-là, la maîtresse de pension se tient l'ordinaire dans un petit salon à côté du par-oir, afin de ne point gêner l'entretien des parents avec leurs enfants, tout en étant à porté de recevoir les personnes qui demandent à lu parler.

Le salon où se réunissent les parents et le élèves est d'un aspect étrange : la femme d riche banquier y coudoie la petite rentière qui à force d'économie, parvient à payer le prix d la pension de sa fille.

Celle-ci, dont les vêtements sont plus qu simples, mais dont la propreté est irréprochable, c'est une veuve d'officier dont les ressources sont si minimes que sa fille est obligée d'étudier pour devenir sous-maîtresse. Heureusement que par égard pour sa position difficile, ainsi que pour les services qu'elle rend dans les classes, la maîtresse n'a exigé que moitié prix pour elle.

Plus loin se pavane dédaigneusement la riche Anglaise qui laisse sa fille quelques années sur le continent, afin de lui donner une bonne prononciation française. Les prétentions de cette lady sont incroyables; à peine sa fille peut-elle *baragouiner* quelques mots de français, et elle vient d'avoir un long entretien avec la maîtresse de pension, pour lui déclarer que si sa fille n'a pas cette année le premier prix de français, elle la retirera de chez elle. La maîtresse, qui est une femme de sens et d'esprit, a refusé; mais il est probable qu'elle va perdre une élève.

Cette femme, dont le profil antique se fait remarquer parmi ces types effacés, est une actrice. Son nom est connu; aussi inspire-t-elle une curiosité mêlée d'effroi à ce groupe de bourgeoises qui la regardent sans oser s'approcher. Son cachemire rouge élégamment drapé sert surtout de texte à leurs discours, et cette préoccupation leur fait presque oublier la présence de leurs enfants.

Au reste, à quelque classe qu'elles appartiennent, toutes ces femmes ont les plus incroyables prétentions.

— « J'ai à vous parler, Madame, — dit, en s'asseyant près de la maîtresse de pension, une longue et anguleuse femme dont la figure amaigrie a quelque chose de faux et de sournois, — je viens de voir Amélie et je vous avoue que je suis loin d'être satisfaite. »

— « Veuillez vous expliquer, Madame. »

— « Amélie a mauvais teint; vous faites trop travailler cette enfant; aussi lui ai-je dit : Je vais parler à la maîtresse, je veux que tu te reposes. »

— « Mais, Madame, Amélie est au contraire

d'une incroyable apathie, elle est toujours la dernière de sa classe, et sa sous-maîtresse me disait encore hier qu'elle ne savait comment donner de l'émulation à cette enfant. »

— « Votre sous-maîtresse est une sotte qui ne sait ce qu'elle dit, et qui est très mal pour Amélie, parce qu'à sa fête je n'ai pas voulu dépenser mon argent à lui faire donner par ma fille un col fort cher dont elle avait envie. »

Etc., etc., etc.

Quelle patience ne faut-il pas à une maîtresse de pension, pour écouter de sang-froid toutes les billevesées qu'on lui débite, et comment ne pas même sourire aux étranges discours de toutes ces dames qui parlent éducation à faire mourir de rire! Puis, comment accorder ensemble toutes ces prétentions rivales? Comment ne blesser, n'offenser personne? Comment concilier tous ces éléments hétérogènes? Comment faire en un mot que Mme X ne retire pas sa fille parce que celle de Mme Y est dans la même pension?

— « Je vous en préviens, Madame, dit une femme à l'air important, dont la riche fourrure d'hermine dénote de grandes prétentions au luxe, il me sera impossible de laisser Louise chez vous, si vous continuez à recevoir des femmes comme celles que je viens d'apercevoir au salon; je tiens à ce que Louise n'ait que de bonnes relations, et je ne veux pas qu'elle fasse connaissance avec des filles de boutiquiers et de petits bourgeois. »

— « Mais, Madame, il n'y a chez moi que des enfants de famille honnête et votre fille n'a rien à redouter de leur contact. »

Pauvre maîtresse de pension, vous avez beau faire! vous êtes aux prises avec la vanité d'une riche parvenue, et tout ce que vous direz ne servira à rien : laissez donc parler cette femme, répondez-lui poliment, mais n'espérez pas lui donner ce qu'elle n'aura jamais, le sens commun.

Cette autre, accompagnée de son mari qui ne dit mot, mais approuve du geste, vient demander que leur fille ne parle jamais à une élève qui est dans la même classe qu'elle, parce que la famille de cette dernière n'a pas les mêmes opinions politiques qu'eux. La maîtresse, harcelée, finit par promettre ce qu'elle ne peut tenir, à savoir d'empêcher deux enfants, qui ont de la sympathie l'une pour l'autre et qui passent leur journée ensemble dans une pièce de quelques pieds carrés, de se parler, de se regarder même.

— « L'instruction n'est pas bonne chez vous et ne saurait me convenir, » — dit une grosse dame à la toilette de mauvais goût, au son de voix vulgaire.— Et la voilà qui se lance dans d'interminables discours sur l'histoire, la géographie, la physique, etc., etc.

Elle veut réglementer l'instruction, et elle sait à peine écrire!

Après le chapitre des prétentions de rang ou de talent, vient celui de la religion et de la moralité.

Celle-ci se plaint que la pension est trop sévère; si sa fille a des engelures, c'est qu'elle a eu trop froid le dimanche à l'église; — cette autre crie au scandale, parce que ce n'est pas M. l'abbé un tel qui confesse les enfants et que l'aumônier est trop indulgent.

Cette femme au regard faux, à la parole saccadée, trouve que sa fille ne baisse pas assez les yeux! celle-là que sa fille ne regarde jamais en face. — « Ma fille parle trop, » dit l'une. — « Décidément vous élevez les enfants de façon à les rendre stupides, » dit l'autre.

En voici une qui arrive toute courroucée parce que sa fille lui a dit qu'elle avait vû entre les mains de ses compagnes *Paul et Virginie*.— « Quelle immoralité, s'écrie-t-elle, vous voulez donc exalter l'imagination de vos élèves? Votre imprudence est incroyable. Et *Picciola*, que Mlle X. lisait l'autre jour; car ma fille l'a vu. Madame, à quoi songez-vous donc? »

— « Mais, Madame, répond enfin la maîtresse de pension, le volume de *Paul et Virginie*, qui est entre les mains de mes élèves, est une édition épurée à l'usage des enfants; et quant à *Picciola*, si l'on y parle d'amour, c'est de l'amour d'un prisonnier pour une fleur. Ce livre d'ailleurs a été donné à mon élève par sa mère, et je ne puis pas trouver à y redire. »

Les puritaines sont enfin parties : la maîtresse respire. Une jeune et élégante femme les remplace. Elle vient au contraire se plaindre de ce que sa fille ne lit jamais rien : elle veut, dit-elle, que sa fille soit instruite, et les livres de classe ne lui semblent pas suffisants pour orner l'esprit d'un enfant.

Malheureusement on ne peut pas lui persuader que sa fille n'a de goût, jusqu'à présent, que pour le volant et le cerceau, et qu'elle déteste la lecture.

Il n'est pas jusqu'aux amusements des élèves qui ne soient un prétexte à tourmenter la maîtresse : — « Les élèves ont joué la comé-« die!..... il y en avait plusieurs vêtues en « costume du temps de Henri IV..... quelle « immoralité! »

Ainsi disent certains parents; d'autres plus raisonnables félicitent la maîtresse de laisser prendre à ses élèves des amusements susceptibles de développer l'intelligence; mais, si les éloges de ceux-ci adoucissent pour la maîtresse l'amertume des plaintes de ceux-là, ils sont néanmoins impuissants à l'effacer entièrement.

Puis, c'est le favoritisme contre lequel on crie toujours, tout en désirant voir sa fille en être l'objet : — « Les manières de ma fille ne deviennent pas meilleures, vous ne vous en occupez point assez, » — dit une mère dont la fille grosse et rougeaude, aussi épaisse d'intelligence que de personne, défie les soins réunis de toutes les sous-maîtresses. — « Pourquoi à votre soirée était-elle assise si loin de vous et Mlle X si près? »

— « On sait bien que celle-là, c'est la *ché-« rie*, » répond une autre voix sèche et malveillante.

C'est surtout à la distribution des prix que

ces prétentions deviennent féroces et que la maîtresse a besoin de toute la rectitude de son jugement pour conserver son sang-froid. Toutes les mères veulent que leurs filles aient des prix. On a bien inventé ceux d'exactitude, de bonne tenue, d'encouragement, que sais-je, moi? et grâce à cela on espérait avoir un peu de repos; erreur! Les mères se sont bien vite aperçues que ces prix-là n'en étaient pas, et ont regardé avec dédain ces récompenses qui, en vérité, méritaient un meilleur accueil, car elles sont bien la preuve de la volonté de satisfaire l'amour-propre de chacun, sans faire d'injustice à personne.

Par bonheur tous les parents ne sont pas semblables à ceux que j'ai dépeints; quelques-uns, que l'amour pour leurs enfants n'aveugle pas, apprécient la conduite impartiale de la maîtresse, et leur esprit lucide sait tenir compte des difficultés et approuver les progrès.

Après tout, chaque situation a ses difficultés, chaque existence ses épines, et si tous les parents étaient raisonnables, la vie de la maîtresse de pension serait vraiment par trop belle.

VI.

LES ÉLÈVES.

Quel charmant aspect que celui que présente, par un beau jour d'été, la récréation des élèves! comme tous ces visages jeunes et frais respirent la joie! La vie semble si belle à cet âge heureux, où tout apparaît entouré du prisme magique de l'espérance et des riantes illusions de l'avenir! Pourquoi faut-il que ces illusions passent si vite et que la triste réalité fasse évanouir la chimère gracieuse de ces songes enchanteurs !

Quelle mère, en voyant sa fille au milieu de ces groupes animés, n'éprouve un mélange de joie et de tristesse? Le présent est beau, bien beau! que sera l'avenir? — L'avenir, hélas, il sera le même pour toutes : un peu de joie mêlé à beaucoup de souffrances!

Rendons heureuse la jeunesse : parfumons les bords de la coupe, car l'amertume est au fond; puis le bonheur, si difficile à donner à l'âge mûr, on le procure à si peu de frais à l'enfance, qu'en vérité ce serait folie de la priver de ce qui plus tard sera sans doute hors de sa portée.

Souriez, jeunes filles, souriez à la vie qui, pour vous, se présente si radieuse! Le ciel est si beau! le soleil est si brillant!

Voyez comme le papillon aux chatoyantes couleurs semble heureux de déployer dans l'air ses ailes teintes de vermillon, contemplez-le à loisir; admirez-le, mes enfants, mais ne lui ravissez pas son insoucieuse liberté, ne le privez pas de sa vie éphémère.

Dieu est bon pour tous, respectez sa miséricorde infinie jusque dans ses moindres créations.

Aimez aussi, enfants, aimez Dieu qui vous aime ; remerciez-le chaque jour du bonheur de la journée; aimez vos parents, aimez votre mère! Que le rire de la moquerie n'effleure jamais vos lèvres : soyez charitables et bonnes, gravez au fond de vos cœurs ces paroles de l'Ecriture : « Celui qui donne aux pauvres prête à Dieu; son aumône est une dette que Dieu acquittera (PROV. XIX, 17). » Donnez, et, comme l'a dit un grand poète :

> . . . . Vous aurez la prière
> D'un mendiant puissant au ciel.

Quoi qu'en disent certains esprits chagrins, les jeunes filles ne peuvent que gagner à l'éducation en commun : leur caractère se forme à ce contact de toutes les minutes; leur cœur se développe par l'affection et chasse au loin l'égoïsme, cet écueil de la vie isolée. Dans certaines circonstances, elles montrent même une exquise délicatesse de cœur, et c'est une preuve remarquable du développement que donne souvent à la sensibilité vraie la vie de pensionnat, si souvent attaquée sous ce rapport.

Je citerai un fait, dont j'ai été témoin, à l'appui de ce que je viens d'avancer.

Deux sœurs, amour et orgueil d'une mère, étaient placées dans un même pensionnat. Toutes deux étaient adorées de leurs compagnes. L'une, la plus âgée, venait d'avoir douze ans lorsqu'elle tomba gravement malade. Sa mère vint la chercher et la conduisit chez elle, où elle l'entoura de tous les soins qu'une mère seule peut donner. Tout fut inutile ; c'était écrit là-haut ! Dieu voulait appeler à lui cette enfant, afin sans doute de la mettre à l'abri des douleurs dont la vie est semée. Elle mourut peu de jours après son départ de la pension, où sa sœur était restée. La maîtresse mena les anciennes compagnes de l'enfant à la maison mortuaire, pour suivre le convoi jusqu'au cimetière.

Ces jeunes filles, dont les larmes vraies ne pouvaient être que difficilement cachées, surent néanmoins, à leur retour à la pension, garder le secret de cette mort vis-à-vis de la jeune sœur, pauvre enfant à qui l'on voulait, pour quelque temps, laisser ignorer ce malheur.

L'antique coutume des présents de Noël, qui, venant des âges les plus reculés, s'est maintenue dans sa naïve simplicité, cette vieille légende religieuse de la bonne fée de Noël descendant par la cheminée, pour placer un présent dans le soulier de l'enfant docile, est souvent aussi l'occasion de touchants élans de cœur, de bonnes actions inconnues.

La jeune fille à qui sa bourse bien garnie permet de songer à l'achat d'un de ces mille riens si attrayants pour son âge, renonce à ce qu'elle désire depuis longtemps et emploie son argent à se procurer un présent de quelque valeur pour une amie dont les parents sont peu fortunés. Tantôt c'est un livre d'heures élégamment relié, tantot un objet de toilette vivement souhaité. La bonne fée de Noël sait d'ailleurs toujours deviner ce dont on a le plus besoin; j'ai vu une élève recevoir ainsi une robe dont elle manquait et que ses parents étaient en ce moment hors d'état de lui donner; elle était la moins bien mise de sa classe, et une de ses compagnes, voyant l'humiliation qu'elle en éprouvait, avait eu la pensée délicate de profiter de la nuit de Noël pour faire ce cadeau à son amie sans blesser son amour-propre. Je cite ce fait entre mille autres du même genre.

Il est encore un usage établi dans presque toutes les pensions et qu'on ne saurait trop apprécier : c'est celui par lequel une grande élève peut, en quelque sorte, adopter une jeune élève qu'elle appelle sa fille et à qui elle s'efforce de donner les soins d'une mère. — Cette mère improvisée s'occupe spécialement de sa fille; elle l'habille, lui fait étudier ses leçons joue avec elle, etc., etc. Cette *parenté* peut d'ailleurs se dissoudre par la volonté d'une des deux élèves.

Les jeunes filles ont en général une propension qu'on n'aperçoit guère chez les jeunes garçons : celle de se faire des confidences; elles aiment fort à prendre des airs mystérieux et à se chuchotter à l'oreille, pour se dire des riens; il leur semble que cela leur donne un maintien important, et c'est là un de leurs travers difficile à corriger.

Souvent aussi elles sont vaniteuses et aiment à se targuer, les unes vis-à-vis des autres, de la position et de la fortune de leurs parents. J'ai connu une maîtresse qui avait trouvé un moyen fort ingénieux pour combattre cette tendance : une fois admises dans sa pension, il était défendu aux élèves de porter leur nom de famille ; on leur donnait un numéro qui remplaçait pour elles le nom qu'on devait oublier. Ainsi l'on s'appelait Mlle 92 Mlle 88.

Trop enclines aux caquetages, les jeunes filles se laissent facilement aller entre elles à la taquinerie ; il est vrai qu'il y a compensation et qu'il se forme souvent dans les pensionnats des amitiés qui durent toute la vie.

Dans presque toutes les pensions, il y a une ou deux élèves qu'on appelle les mauvais sujets : ce sont tout simplement de jeunes filles mal élevées, mais spirituelles et intelligentes, dont on a eu le tort, au commencement, de tolérer les espiégleries. Il est rare qu'on devienne sévère pour elles, peut-être parce que leur esprit jette quelques distractions sur la monotonie de l'existence de chaque jour.

La bonne élève, celle qui obtient le plus grand nombre de prix dans sa classe, est une charmantej eune fille; mais gâtée par les éloges des professeurs, elle est parfois un peu prétentieuse. Je voudrais lui dire que l'instruction devrait rendre modeste; car lorsqu'on sait *un peu*, on doit commencer à comprendre que l'on ne sait rien, c'est-à-dire qu'il reste encore beaucoup de choses à savoir.

Outre les prix qu'elles reçoivent à la fin de chaque année, les élèves ont d'autres récompenses : on donne la croix à celle qui s'est le mieux conduite pendant la semaine. Il y a aussi les bons points, etc.

Quant aux punitions, elles consistent principalement en mauvais points et à priver les élèves de récréations et même de sorties pour les fautes graves. Il y a bien aussi un autre genre de punition, — absurde en ce qu'il donne du dégoût pour ce qui devrait être considéré comme une chose agréable, — c'est de faire apprendre par cœur un certain nombre de vers.

Parlons maintenant de l'uniforme, qui varie suivant les établissements. Dans la plupart, les élèves sont vêtues, en hiver, de robes de mérinos noir pour les jours ordinaires, de robes de soie noire pour les dimanches. En été, elles ont : les jours ordinaires, des robes d'une couleur adoptée, c'est souvent du violet, — le dimanche, des robes de soie noire, — les jours de fête et de cérémonie, des robes blanches.

Elles portent dans les classes de grands tabliers noirs,—autour de la taille,—et quelquefois croisés sur le dos et sur la poitrine, des rubans de différentes couleurs, telles que bleu, vert, violet, rouge, etc., suivant les classes où les elèvés sont placées.

Tout en se plaignant souvent entre elles de leur vie, les élèves sont, en général, fort aises de rentrer après les vacances; car on s'amuse souvent beaucoup en pension.

Nous ne citerons pas tous les jeux auxquels elles se livrent pendant les heures de récréation; nous parlerons seulement des amusements qui leur plaisent le plus, de la danse et du spectacle. — Comme nous l'avons déjà dit, la maîtresse donne souvent des soirées à ses pensionnaires. Il est bien entendu que la plus laide partie du genre humain est rigoureusement exclue de ces bals. Les jeunes filles dansent entre elles, et certes ce n'est pas là une de leurs moindres joies, sans compter que leur gourmandise y trouve aussi son compte, car on passe des rafraîchissements et souvent même il y a une collation.— D'autres fois, le jour de Sainte-Catherine, par exemple, on leur permet de jouer la comédie sur un théâtre qu'on dispose pour cette occasion. Il faut voir comme tout ce petit monde s'agite;

quinze jours à l'avance, on apprend ses rôles, puis, que d'efforts, que de génie, pour se composer un costume, surtout lorsqu'il s'agit de rôles d'hommes. Mais la toilette n'est pas ce dont nous avons à parler, c'est du talent des artistes qu'il nous faut rendre compte. Je dirai donc que, quelquefois, les pensionnaires jouent beaucoup mieux qu'on ne le fait dans la société, et que vraiment leurs représentations ne manquent pas d'un certain intérêt. Malheureusement, le choix des pièces se fait sans aucun discernement, la plupart du temps.

Comme j'ai déjà eu plusieurs fois l'occasion de le faire remarquer au lecteur, le *vrai* est chose rare en ce qui concerne l'éducation des jeunes filles. Nous n'examinerons point ici cette question, que nous nous proposons d'approfondir plus tard avec tout le sérieux qu'elle exige; constatons seulement combien les pièces jouées dans les pensionnats mettent en évidence la justesse de notre observation.

Ce sont en général des compositions fades et incolores d'auteurs qui pensent avoir assez fait dès que rien dans leurs œuvres — œuvres morales, j'en conviens — ne peut troubler la pureté de la pensée, mais qui ne songent pas que cela est insuffisant et qu'il faut élever et diriger en les ennoblissant les idées de la jeunesse, dont le cœur bat si vite, dont l'intelligence devine presque.

Quelquefois aussi on fait jouer aux élèves des pièces de nos auteurs classiques, Corneille, Racine, etc. ; sous prétexte de moralité, la maîtresse est alors contrainte de faire subir à ces ouvrages des mutilations qui les rendent inintelligibles ou absurdes.

Quand donc cessera-t-on de rapetisser l'éducation par toutes ces puérilités qui, loin de conserver à l'âme sa candeur, n'arrivent qu'à la troubler par d'offensantes précautions.

VII.

LES DOMESTIQUES.

C'est un singulier type que celui des domestiques des pensionnats de jeunes filles ; actifs et intelligents, ils empruntent à ce qui les entoure une sorte de gravité et d'importance qui ont leur côté comique.

A part le jardinier et un ou deux domestiques mâles, occupés au frottage des dortoirs et des appartements et à l'entretien des chaussures, on n'emploie guère que des femmes dans les pensions.

Au reste, hommes et femmes ont des idées d'aristocratie à leur manière et sont fort versés dans la hiérarchie des rangs. Il faut les voir, tout à l'heure humbles et obséquieux vis à-vis de la maîtresse de pension et de l'économe, se redresser avec hauteur en répondant à la sous-maîtresse qui vient timidement leur demander un service.

Il est rare, à moins de motifs graves, qu'on change les domestiques d'une pension; ils se regardent donc comme étant de la maison, tandis que, disent-ils, la sous-maîtresse est un oiseau de passage qu'ils considèrent peu, parce qu'elle gagne moins qu'eux. Ils emploient volontiers le mot *nous*, en parlant de la maîtresse de pension : « *Nous* allons renvoyer Mlle une telle, placer celle-ci dans telle classe, etc. » La façon d'être des valets est encore un des mille petits supplices auxquels est exposée la sous-maîtresse. Dans quelques circonstances un domestique est chargé de sonner la cloche pour appeler la dame du parloir et les sous-maîtresses. La cloche semble alors emprunter dans ses mains une sorte de rage, rage de l'infériorité et de l'ignorance qui se sentent la faculté de tourmenter ce qui leur est supérieur.

En général, les domestiques de pension ont de la probité; mais en revanche ils sont singulièrement adonnés aux caquetages ; ils s'informent de tout et se le redisent les uns aux autres avec force commentaires. Deux personnes sont pourtant respectées dans les propos qu'ils tiennent : la maîtresse de pension à laquelle l'intérêt les attache, et l'économe qu'ils craignent parce qu'elle exerce sur eux un contrôle incessant et qu'ils sont sous sa dépendance immédiate pour les provisions, les ordres à recevoir, etc. Souvent, assez polis avec les élèves, ils sont fort obligeants pour celles dont la fortune leur fait entrevoir de belles étrennes. Cette déférence accordée à l'argent est un abus grave dans ces écoles de la jeunesse, où le mérite seul devrait être honoré.

On pourrait facilement y remédier en proscrivant l'usage des étrennes pour les domestiques, usage auquel la sous-maîtresse même avec ses faibles ressources est obligée de se soumettre.

Les domestiques prennent leurs repas après les pensionnaires, et ils sont au moins aussi bien nourris qu'elles. La cloche sonne leur lever une demi-heure avant celui des élèves et ils se couchent après elles.

Parmi ces serviteurs, la concierge, qui a quelque rapport avec une tourière de couvent, est un des plus importants ; à elle la responsabilité de cette porte qui ne s'ouvre que par ses mains ; à elle de voir par qui la sous-maîtresse se fait accompagner dans ses jours de sortie, d'observer son maintien et son attitude, afin d'en faire son rapport à Madame qui doit tout savoir, tout connaître. Habituée à gourmander les retardataires qui dépassent de quelques minutes l'heure fixée pour la rentrée, obligée de surveiller les sorties des autres domestiques qui lui seraient reprochées si elles n'étaient motivées par quelque ordre, la concierge est acariâtre avec les habitants de la maison, mais en revanche elle est fort avenante avec les visiteurs. Elle tient à leur donner une bonne idée du pensionnat, elle se rengorge en parlant de *Madame*, des professeurs et des élèves dont le nom connu peut produire un bon effet.

Passons à la cuisinière, qui, moins en contact avec le public, a, plus encore peut-être que la concierge, une allure importante.

Forcée, à son grand regret, de subir le contrôle de l'économe, elle n'en admet pas d'autre: la cuisine est son royaume, malheur à qui y contesterait son autorité. Elle dirige avec hauteur les filles de cuisine placées sous ses ordres, et se plaint bien fort du tracas de la maison dont elle ne voudrait sortir pour rien au monde.

Lorsque les parents visitent l'établissement, elle se tient fièrement devant ses marmites de cuivre d'une irréprochable propreté, et verse avec gravité le bouillon que l'économe les engage à goûter, pour qu'ils s'assurent de la manière dont sont nourries les élèves. Elle soigne d'une façon toute particulière les plats destinés à la maîtresse de pension, puis jure avec un sérieux imperturbable que les élèves sont exactement nourries comme *Madame*.

Nous ne parlerons pas des femmes placées sous les ordres de la dame infirmière et de la dame lingère; les premières offriraient quelque ressemblance avec la sœur de charité, si elles n'étaient pas quelquefois bourrues comme la garde-malade; les secondes sont des ouvrières exclusivement occupées de leur couture et sont en dehors de la domesticité.

Les femmes chargées du service de table et des dortoirs, fréquemment en contact avec les sous-maîtresses, sont quelquefois placées sous leurs ordres; elles sont sévèrement surveillées, quant à leur tenue vis-à-vis des élèves.

Ce sont elles qui doivent faire les lits des maîtresses et ceux des élèves dans les pensionnats où celles-ci ne le font pas elles-mêmes.

A table, si elles ne redoutaient le contrôle de l'économe, elles auraient fort la propension de réserver tous les meilleurs morceaux aux élèves qu'elles affectionnent et de servir médiocrement les autres. Ces femmes ont en même temps quelque chose de l'activité et de la familiarité de la servante d'auberge jointes à l'orgueil et souvent même à la tenue des domestiques de bonne maison.

Cette dernière, qui se distingue par sa mise plus soignée, par son élégant tablier d'une irréprochable blancheur, qui porte la tête haute, et dont l'air petite-maîtresse contraste avec l'air affairé des autres, c'est la femme de chambre de *Madame* : voilà une autre puissance contre laquelle la cuisinière même ne songe pas à lutter ; à peine ose-t-elle murmurer tout bas lorsque la femme de chambre lui dit que Madame a trouvé le rôti détestable. S'occupant spécialement de sa maîtresse, elle regarde du haut de sa grandeur ses compagnes qui vont et viennent rouges d'activité. A table, les meilleurs morceaux sont pour elle. On la consulte en toutes choses ; n'est-ce point surtout par son intermédiaire qu'on peut pénétrer la pensée de Madame !

VIII.

LA DISTRIBUTION DES PRIX.

Quel tapage, quelle confusion, quel coup d'œil animé présente un pensionnat, le jour de la distribution des prix! La cloche a sonné encore plus matin qu'à l'ordinaire, on a déjeuné à la hâte et chacun s'occupe de ses préparatifs.

La lingère et ses aides vont et viennent chargées de robes blanches ; les sous-maîtresses, prêtes depuis longtemps déjà, habillent les plus petites élèves; les plus grandes s'aident mutuellement, elles fixent leurs ceintures de satin, dont les bouts flottants font ressortir la blancheur de leurs vêtements.

Dans une autre pièce elles subissent le martyre de la part des coiffeurs, qui, pour aller plus vite, tirent sans pitié leur chevelure ; mais la coquetterie est tellement innée chez la femme qu'elles ne soufflent pas mot, parce qu'elles pensent qu'elles vont être jolies ; les plus petites mêmes, dont les cheveux tombants sur les épaules doivent être bouclés, subissent courageusement l'opération des papillottes.

Combien l'analyse enlève de poésie et comme il faut ne voir que superficiellement les choses, si on veut qu'elles conservent un peu de charme ! Quant à moi, j'avoue que je ne puis m'empêcher d'entrevoir les papillottes et le fer au travers de ces boucles blondes qui frisent *naturellement*.

C'est là une funeste disposition qui, je l'espère, n'est pas générale ; car il vaut peut-être mieux pour le bonheur ne point trop approfondir les choses, et, s'en tenant à l'impression agréable, ne pas gâter par l'examen ce qui peut attirer nos yeux et charmer notre esprit.

Dans une salle attenante à celle où doit se faire la distribution des prix, sont une grande table et des étagères sur lesquelles sont disposés avec goût les ouvrages des élèves, charmants petits travaux qui seront précieusement conservés par les mères. Heureux ou triste, le souvenir n'est-il pas une des plus sérieuses choses de l'existence? Que de fois la femme de trente ans n'a-t-elle point regardé avec émotion ces objets qui lui rappelaient le meilleur temps de sa vie!

Là-bas, suspendus aux murailles, j'aperçois des dessins, des aquarelles, des pastels, auxquels on a fait les *honneurs* du cadre. Ces dessins, tout imparfaits qu'ils soient, recevront probablement plus d'éloges que les œuvres de bien des artistes. Les parents se grouperont avec admiration devant ces *chefs-d'œuvre*, qu'ils regardent en conscience comme les prémices d'un grand talent. J'ai vu plus d'un salon de famille *orné* de ces *tableaux*, et, malgré toute leur médiocrité, j'avoue que je les ai toujours considérés avec un certain attendrissement; je respectais jusqu'au culte des hachures alignées, parce que ce culte-là avait sa source dans ce qu'il y a de vraiment bon ici-bas, le cœur et l'affection. Si un peu de vanité puérile ou ridicule se mêle parfois à tout cela, je veux l'ignorer.

Mais revenons à notre sujet. J'aperçois encore des cartes géographiques, des tableaux d'histoire naturelle, de chronologie, etc., etc., les cahiers enfin, tous de même dimension et attachés avec des faveurs de diverses couleurs. Ils sont rangés autour de la table, et sur la couverture de chacun sont écrits le nom de l'élève et la désignation de la classe. Chaque enfant tout à l'heure emportera son cahier, pour donner à sa famille un spécimen de ses talents calligraphiques et littéraires.

Si je pouvais suspendre un instant ma funeste manie d'examen, j'admirerais avec vous l'écriture alignée, l'irréprochable orthographe, l'élégance du style, la lucidité avec laquelle est expliqué ce problème; mais comme je tiens à être sincère, je dirai aux parents : Regardez cette grande jeune fille à l'attitude sérieuse et modeste, c'est la sous-maîtresse; elle a souvent, depuis un mois, passé les nuits au travail, et si vous tenez à vous rendre compte des progrès réels de votre fille, demandez-lui son brouillon et ne regardez pas ce qui n'est qu'un hochet de vanité.

Voici de plus ambitieux travaux faits par les meilleures élèves : un petit cour de physique, une tenue de livres, quelques règnes des rois de France, etc. La plupart de ces cahiers sont destinés à être reliés et seront conservés par la maîtresse de pension.

Mais entrons dans la salle de la distribution ; le bruit de la musique nous avertit qu'il en est temps. Cette musique contribue pour une grande part à la mise en scène de l'exhibition. Qu'est-ce après tout, en effet, qu'une distribution de prix, si ce n'est une *exhibition?* Aussi le *dilettantisme* n'aurait-il là que peu de choses à critiquer, exception faite bien entendu des morceaux exécutés par élèves.

Dans quelques pensionnats, on fait, à ce moment, un examen public où les élèves interrogées par les professeurs répondent à des questions qui ont trait à leurs études. Quelquefois aussi on fait une sorte de concours de musique, où chaque enfant joue son morceau. Ces examens, dans certaines maisons, ont lieu

6.

de préférence la veille du jour de la distribution; dans tous les cas, ils n'offrent rien d'assez remarquable pour que j'en parle ici.

Décrivons maintenant la salle où nous venons d'entrer. Le tiers en est généralement occupé par une estrade où se placent les maîtresses, les professeurs, les élèves et les autorités qui honorent la séance de leur présence, (style officiel).

Assise vers le fond, au milieu de l'estrade, derrière une longue table surchargée de livres et de couronnes, la maîtresse de pension trône dans toute sa puissance. Vêtue avec une élégante recherche, elle semble une reine entourée de ses sujets ; tous les regards sont fixés sur elle, car c'est dans ses yeux que chacun peut deviner son sort.

Placés à sa droite et à sa gauche sont les deux personnages les plus marquants de l'assemblée; autour d'elle se pressent les professeurs en grande tenue, les dames-professeurs et les autres maîtresses.

Quant aux sous-maîtresses, tantôt assises à leur poste près des élèves, tantôt debout près de la maîtresse, vers laquelle elles se penchent pour prendre ses ordres qu'elles transmettent ensuite, elles semblent les brillantes comparses de ce grand jour.

Le coup d'œil que présente une distribution de prix dans un pensionnat de jeunes filles est infiniment gracieux. Les grandes élèves occupent les banquettes les plus élevées, les petites sont assises sur les bancs les plus rapprochés du public. L'espoir anime tous ces visages frais et roses. L'avenir semble devoir être si beau pour une tête blonde et jeune, que parfois, en dépit de l'expérience, on suppose heureux pour elle cet avenir qu'on *ignore ;* il semble qu'elle possède un *je ne sais quoi* qui commande au bonheur.

Le public, composé en grande partie des parents, est généralement fort nombreux : ilest assis sur des chaises et sur des banquettes disposées à cet effet dans la partie restée libre de la salle. Une ou deux maîtresses, telles que la dame du parloir et d'autres personnes de la maison, font les honneurs de la séance; elles vont au-devant de ceux qui arrivent et les conduisent à leurs places.

La maîtresse de musique a quitté le piano d'Erard, placé à un des côtés de l'estrade, et sur lequel elle vient de jouer avec un vrai talent un morceau qui a été fort applaudi ; le professeur de littérature se lève et prononce son discours ; car, dans les pensionnats de jeunes filles, comme dans ceux de garçons, il est d'usage de faire un ou plusieurs discours à la distribution des prix. Quelques maîtresses le font elles-mêmes, se bornant à une allocution maternelle, en quelques phrases gracieuses assez bien tournées ; mais en général c'est le professeur de littérature qui en est chargé, et, comme le bon goût et le tact sont choses rares, il se croit obligé de prononcer une sorte de *discours* d'apparat, de lancer de grands mots, d'arrondir de longues périodes, de faire de la rhétorique ou plutôt de la pédanterie.

Si le discours d'apparat est, à mon avis, souvent un abus dans les pensions de garçons, à plus forte raison, il me semble l'être dans les pensions de filles, où quelques mots bien pensés et simplement dits feraient mieux l'affaire que tout ce fatras, auquel on ne prête qu'une médiocre attention et qui donne naturellement lieu à cette réflexion que les grands mots ne sont pas les grandes choses.

Enfin voilà le discours terminé, d'autres vont succéder peut-être ; mais heureusement en ce monde tout finit, de sorte qu'après la phrase consacrée : « Je ne veux pas plus longtemps, jeunes élèves, retarder l'heure de vos triomphes, » la véritable distribution des prix commence.

Un professeur ou une sous-maîtresse s'approche alors des bords de l'estrade et proclame le nom des élèves, qui vont successivement chercher leurs prix et leurs couronnes. Les prix sont remis à l'élève par les personnes les plus importantes de l'assemblée, placées sur l'estrade et désignées par la maîtresse de pension. Puis la jeune fille, après avoir salué le public, retourne à sa place. Si elle est aimée de ses compagnes, elles l'applaudissent.

J'ai parlé ailleurs du grand nombre de prix donnés. Je ne reviendrai donc pas sur ce sujet, je dirai seulement quelques mots sur le choix des livres, qui me semble en général médiocre.

Ce sont ou de sérieux ouvrages d'histoire, qui seraient arides à lire, même pour de grandes personnes, ou des contes insignifiants et médiocrement écrits, à l'usage de la jeunesse. Les couronnes sont faites avec soin :

dans quelques pensionnats on place une rose à la ceinture, pour le premier prix.

De temps en temps la séance est suspendue et l'on exécute des morceaux de musique.

Lorsque tout est terminé, la maîtresse de pension indique que la séance est levée. La foule s'écoule et les enfants courent au salon rejoindre leurs parents. C'est un bien doux moment pour toutes ! Avec quelle joie on montre à sa mère ses livres et ses couronnes, et quoiqu'on ait le cœur un peu gros d'être obligée de quitter ses compagnes, on se réjouit bien fort des vacances qui vont commencer.

Pourtant, au milieu de ces joies, il est souvent de jeunes visages attristés, de jeunes cœurs qui souffrent : ce sont des orphelines ou des enfants dont la famille est éloignée. Ce jour de fête leur rappelle cruellement leur solitude.

Je me souviendrai toujours de ce qui m'arriva, il y a quelques années, à une distribution de prix à laquelle j'avais eu l'occasion d'assister.

Je sortais de la salle où les parents étaient venus chercher leurs enfants après la cérémonie ; j'avais vu couler de bien douces larmes et j'avoue que je n'y avais pas été complétement insensible. Absorbée dans mes préoccupations, je suivais machinalement la foule, lorsque je me sentis presser la main par une petite main qui me tirait de toutes ses forces ; je regardai, et je reconnus une pensionnaire de cinq à six ans, orpheline presque depuis sa naissance, et que je rencontrais quelquefois.

C'était et c'est encore une ravissante créature que cette enfant. Ses grands yeux bleus ont cette limpidité et cette mélancolie d'expression qui se rencontrent souvent chez les Anglaises, son teint est d'une rare délicatesse, ses cheveux blonds retombent en boucles sur ses épaules ; ajoutez à cela quelque chose de doux, d'affectueux et de triste, et vous aurez le portrait de la petite Louise.

« Venez, » — me dit-elle, — en m'entraînant au jardin, où elle me fit asseoir sur un banc ; puis, me montrant une image : « Regardez, Louise aussi a des prix. » Je me baissai, elle me jeta ses petits bras autour du cou. Je la pressai sur mon cœur, je couvris son front de baisers, j'essuyai ses joues encore humides des larmes que lui avait fait répandre cette vague et désolante intuition de l'isolement que ressentent les âmes aimantes, jeunes ou vieilles, lorsqu'elles sont privées d'affection.

Cette enfant avait deviné la sympathie que j'éprouvais pour elle. Au milieu de toute cette foule, elle était venue me chercher! N'y a-t-il pas, entre les âmes, de mystérieuses affinités dont Dieu seul a le secret ?

IX.

LES AMITIÉS DE PENSION.

J'ai dit, dans un précédent chapitre, que de sérieuses et durables amitiés se formaient dans les pensionnats, je veux en reparler et en donner quelques exemples.

L'éducation au sein de la famille, malgré tout ce qu'elle offre d'avantages réels, a pourtant l'inconvénient de restreindre l'existence dans un cercle dont l'enfant ne peut guère sortir; les affections y sont pour ainsi dire prévues et ordonnées, les sympathies souvent factices et le cœur parfois gêné dans l'essor de ses plus nobles inspirations.

Dans les pensions, au contraire, la jeune fille, entourée d'un grand nombre de compagnes différentes de caractère et de manière d'être, peut librement faire un choix; les préférences sont vraies et, par conséquent, les amitiés plus durables que dans le monde, où trop souvent elles ne sont que le résultat de relations de société entre les familles.

En parlant de la liberté que les élèves ont de se lier, j'excepte les pensionnats, heureusement rares, où la maîtresse, pour obéir aux exigences vaniteuses des parents, surveille et empêche les intimités entre les élèves de positions différentes.

Je pourrais noter bien des faits qui démontreraient tout ce que ces liaisons de pension offrent de consolant pour l'esprit, de doux pour le cœur.

Les différences de rang et de fortune ne sont point mises en balance, ce sont les bonnes qualités qui seules sont recherchées. Lorsque, plus tard, la jeune fille devenue femme se trouve placée au milieu de l'égoïsme et des mesquines vanités du monde, les frais et suaves souvenirs des amitiés de pension la préservent parfois de bien des travers et de bien des petitesses.

Un de nos plus célèbres romanciers a fait d'une façon trop touchante l'histoire des amitiés de pension de la reine Hortense, dont le nom nous rappelle tant de grâce, d'esprit et d'adorable bonté, pour que nous puissions recommencer ce récit.

Il y a peu de temps que les journaux de Paris parlaient d'un fait qui avait vivement ému la curiosité.

Une jeune ouvrière, que sa vie laborieuse et honnête faisait aimer et estimer de chacun dans son quartier, recevait tous les quinze jours une dame dont la tournure distinguée et la mise simple dans son élégance indiquaient le rang élevé. Son équipage, d'une tenue et d'un goût irréprochables, la conduisait jusqu'à la porte de la maison de modeste apparence, située dans un des populeux faubourgs de Paris, où habitait la jeune ouvrière, puis repartait pour ne revenir que deux heures plus tard.

On peut facilement se faire une idée de tous les commérages que ces apparitions faisaient faire aux voisins. Longtemps le secret fut inpénétrable; mais on sut enfin que Mme ***, femme d'un de nos ancien ministres, avait été élevée dans la même pension que la jeune couturière, et que l'amitié qu'elles avaient eue l'une pour l'autre dans leur première jeunesse était toujours restée la même, malgré la distance sociale qui séparait la femme portant un des plus beaux noms de France et occupant une des positions les plus élevées, de l'ouvrière vivant laborieusement de son seul travail.

Longtemps Mme *** s'était efforcée de persuader à son amie de venir habiter chez elle ; mais l'ouvrière s'y était toujours refusée : elle voulait qu'aucune idée de dépendance ou de protection ne pût rendre moins pure cette belle amitié. Elle avait peut-être raison, car il est des sentiments qu'un souffle suffit à flétrir.

Mme *** avait enfin cessé de lutter contre

une résolution inébranlable, et quelque douloureuse que fût pour elle l'impossibilité de rendre meilleure la situation de son amie, elle avait été obligée de se soumettre aux pensées de dignité et de respect d'elle-même si fermement implantées dans l'âme de la jeune ouvrière.

Elle allait souvent s'asseoir près d'elle, et, puisqu'il lui était interdit d'améliorer la situation matérielle de son ancienne compagne, elle s'efforçait de lui rendre son travail moins triste, par de douces causeries, toujours empreintes d'une affectueuse amitié.

Ne faisait-elle pas ainsi plus pour son bonheur que si elle l'avait seulement enrichie?

On est toujours fort contre les privations, et la vie est presque belle, lorsque le cœur est vraiment heureux.

Je citerai encore telle autre femme, portant un des plus grands noms de notre histoire, qui trouve seulement près d'une de ses anciennes amies de pension les consolations à la douleur qu'une mort récente vient de lui causer.

Je pourrais remplir bien des pages d'anecdotes de ce genre, mais je termine ici, en disant qu'un des grands avantages de la vie de pensionnat, ce sont ces amitiés jeunes, enthousiastes et désintéressées, qui ne se rencontrent que rarement ailleurs et qui sont un des plus grands bonheurs de l'existence.

FIN

TABLE

Paris.—Impr. LACOUR et Cᵉ, rue Soufflot. 16.

www.ingramcontent.com/pod-product-compliance
Ingram Content Group UK Ltd.
Pitfield, Milton Keynes, MK11 3LW, UK
UKHW022122190726
13855UKWH00003B/1009